L'INTERRÈGNE

PAR

ZENON

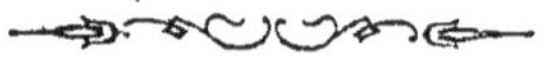

Fata volentem ducunt, uolentem trahunt.

PARIS

LIBRAIRIE INTERNATIONALE

BOULEVARD MONTMARTRE, 15

A. LACROIX, VERBOECKOVEN ET Ce

Éditeurs à Bruxelles, à Liepzig et à Livourne

1869

L'INTERRÈGNE

I

Le Sénatus-Consulte du 8 septembre 1869 vient de créer une situation qui ressemble à un interrègne.

On avait conseillé le plébiscite, il est fâcheux que ce conseil n'ait pas été suivi.

La nation est inquiète, elle ne reconnaît pas sa voie. Par qui et comment sera-t-elle dirigée dans ses aspirations nouvelles?

L'Empire libéral a, dit-on, les mains pleines de merveilles. Le chassepot aussi a ses merveilles.

Faut-il croire à ce programme séduisant que l'on se passe de main en main? Le pouvoir personnel abdique; bien mieux, il se suicide.

Quoi? Commencer comme Sylla et finir comme Brutus! Après avoir égorgé la liberté, s'égorger soi-même! Jamais le grand Corneille n'imagina une situation plus tragique.

Le prix des places sera peut-être un peu cher, mais le spectacle vaut la peine qu'on y assiste.

II

Donc, il ne s'agit plus de couronner l'édifice, on convient qu'il faut le reprendre par la base.

De sujets que nous étions, nous allons redevenir citoyens. Pour commencer le branle, le parlementarisme (style de 1852), vieux rouage politique qu'on a brisé il y a dix-huit ans à coups de crosse de fusil, va être remis à neuf, graissé convenablement et mis en état de fonctionner de nouveau d'ici à une semaine ou deux.

C'est le moment de parler des fameux « anciens partis » qui vont rentrer en scène.

III

Mais, à tout seigneur tout honneur.

Qu'est-ce d'abord que le grand parti bonapartiste qui avait fermé la bouche à tous les autres?

Le bonapartisme existe-t-il? Répondez hardiment : il n'y a pas, il n'y a jamais eu un parti bonapartiste; il n'y a que des intérêts bonapartistes qui ont trouvé satisfaction après 1851. La célèbre société du Dix-Décembre ne constituait pas le noyau d'un parti, c'était (à part quelques chefs) une petite armée de mercenaires chargée d'assurer le terrain, une avant-garde des futurs prétoriens, dont la solde fut doublée.

Ce qu'il y a eu en France, de vivant et de touchant, après 1815 et jusqu'en 1848, c'est une véritable légende napoléonienne, dont les chansons de Béranger et les images à un sou firent les premiers frais. Toute chaumière avait au-dessus de son vieux bahut à pain, deux de ces enluminures qui ont fait la fortune d'Épinal. L'une représentait le général Bonaparte enjambant le Saint-Bernard sur un cheval en coup de vent, l'autre le martyr de Sainte-Hélène assis sous un saule éploré et pressant sur son cœur le médaillon du roi de Rome. Oui, la vieille garde, les débris de la Loire.... « les grandes choses que nous avons faites ensemble » .... c'était le récit de toutes les veillées dans les campagnes.

Mais de l'homme et de son règne, on ne savait pas le premier mot.

Cette légende elle-même s'efface de jour en jour sous l'effort du temps et de l'instruction. Elle disparaîtra bientôt tout à fait, et le : *il s'est assis là, grand'mère*, ne sera plus chanté que par dérision dans les cabarets de village ; le « petit caporal » ne sera plus bon qu'à remplacer sur les girouettes le chasseur traditionnel.

A qui la faute et la très-grande faute ? Au gouvernement impérial qui a commis la maladresse insigne de publier la volumineuse correspondance de Napoléon Ier (et encore incomplète), où l'on peut lire des choses qui font dresser les cheveux. Ainsi ce grand homme regrettait naïvement de ne pouvoir se faire passer pour dieu comme Alexandre ; il trouvait le siècle déjà trop éclairé, et pour punir les avocats de son temps du crime de la parole, il les fesait menacer de leur percer la langue avec un fer rouge. Malheureux grand homme qui n'était pas même homme !

Rien d'humain ne battait sous ton épaisse armure.

Aujourd'hui, l'imagination des peuples s'est calmée ; le héros diminue et on voit trop l'épileptique.

Chaque français de plus qui sait lire est un bonapartiste de moins.

IV

Qu'y a-t-il aujourd'hui sous ces mots sonores, mais vides : le *principe napoléonien*, les *idées napoléoniennes* ? Tout au plus une devise comme savait en composer l'auteur du *Beau Dunois*, mais ce ne sera plus un cri de ralliement.

Donc, pas de parti impérialiste à redouter dans l'avenir.

Quand on tente un coup d'aventure et qu'il réussit, on trouve toujours des adhérents dans cette masse de besoigneux qui n'a de courage que pour manger, mais les honnêtes gens ne se recrutent pas avec la même facilité. Le spectacle de l'impunité triomphante, même pendant une longue suite d'années, ne parvient pas à les corrompre ; et combien l'étude de l'histoire ne nous montre-t-elle pas de ces gouvernements injustes, qui expient fatalement leur origine, lorsqu'ils n'ont pour les soutenir que leurs propres créatures? Créatures qui trouveront à se satisfaire encore sous d'autres régimes, car elles sont toujours prêtes à retourner leur conscience comme on retourne un vieil habit.

V

Le parti républicain a pour lui la logique. Il n'y a pas aujourd'hui en Europe un seul bon esprit qui n'admette que la forme définitive des gouvernements de l'avenir sera la forme républicaine.

Châteaubriand a travaillé toute sa vie comme royaliste, et il s'est déclaré dans ses *Mémoires d'outre-tombe* penseur républicain.

Napoléon, qui n'avait plus le choix, s'est écrié à Sainte-Hélène : « La France sera républicaine ou cosaque. » Peut-être eût-il préféré cosaque.

Cette expression « l'opinion publique » est toute moderne en France. Il y a cent ans passés, qui eût parlé à un ministre, à M. le Duc ou au Cardinal Fleury, de l'opinion publique, l'aurait grandement étonné. Le premier ministre se fût contenté pour réponse d'un geste hautain, tempéré de pitié. Peut-être aurait-il ri de bon cœur : Quoi ! l'opinion publique?..... Quel est ce niais? On n'eût pas mis le donneur de conseils à la Bastille, tout au plus lui aurait-on offert un petit emploi dans les cuisines.

L'opinion publique s'est fait sa place. Déjà elle gouverne et bientôt elle régnera.

VI

Comment s'établira son règne? Par la république, c'est-à-dire par la manifestation du progrès sous toutes les formes, et à tous les degrés. Aucune question ne doit se soustraire à l'opinion qui aura toujours pour se faire entendre cette voix suprême, le vote. Non pas le vote mal défini qui livre à un pouvoir exécutif toutes les forces d'une nation aveuglée, mais le vote s'exerçant sur tout ce qui peut intéresser son honneur et sa sécurité, les personnes comme les actes.

Un exemple :

Nous ne parlerons pas des grands faits extérieurs, de ces guerres, de ces expéditions insensées que la France surprise vient de payer de son sang et de sa fortune, sans avoir donné procuration de les faire.

Mais voyez ce que peut le despotisme à l'intérieur, lorsque pour sa satisfaction personnelle, il s'attaque aux consciences.

Il y avait une tradition française respectée, bien qu'un peu surfaite, tradition d'indépendance, de loyauté, qui s'attachait à cette magistrature descendante de nos vieux parlements, lesquels n'enregistraient pas tous les édits, et ne disaient pas toujours : *Si veut le roi, si veut la loi*. Eh bien, cette noble tradition qui faisait partie du patrimoine historique, qu'est-elle devenue sous ce règne où les tribunaux ont rendu autant de services que d'arrêts? Le jour où le grand orateur Berryer s'est levé frémissant pour faire entendre son chant du cygne, le jour où dans une apostrophe que la postérité a déjà recueillie, il a flétri ce nouveau mode de rendre la justice sous la dictée des gouvernements, le garde des sceaux du second empire a baissé les yeux et est resté pâle à son banc.

Cette magistrature était jugée, le nom illustre de Seguier se retira d'elle.

VII

Nous nommerons nous-mêmes nos juges, car c'est en notre nom et pour le bien de tous que doit se rendre la justice. Tout tribunal doit se retremper à sa source : l'élection; mais comme tant d'autres réformes auxquelles le peuple a droit, celle-ci ne peut être inscrite que dans un code républicain.

Et ce code républicain, idéal de tout sérieux esprit, aspiration ardente de tout cœur généreux, dans quel temps nos mœurs nous permettront-elles de le promulguer?

Verrons-nous se lever l'aube de l'affranchissement complet de notre patrie, ou ce spectacle est-il réservé à nos enfants?

Hélas! en s'en rapportant à la connaissance du passé, et en se rendant compte de l'état présent de la société française, on peut répondre presque avec certitude, que la destinée de la république est de s'établir seulement par étapes. De loyales tentatives pourront être faites dans un temps donné par le parti républicain, parti nombreux, parti puissant, mais trop subdivisé et sans lien social. Ses tâtonnements amèneront encore des chutes dont il se relèvera vite, pour retomber de nouveau, jusqu'à ce qu'il soit enfin porté par de nouvelles générations moins corrompues que les nôtres.

VIII

Si jamais un tour de roue de la fortune vous fait remonter au pinacle, républicains qui méritez vraiment ce titre, que votre premier soin soit d'ouvrir partout des écoles; ayez une école par chaque groupe de vingt familles; que dans le plus petit hameau l'enfant sache lire, et, devenu jeune homme, puisse avoir connaissance de tous vos actes et vous juger vous-mêmes : alors vous aurez la certitude que la liberté sera bien gardée, et les coups d'état, le despotisme militaire ne seront plus possibles qu'en rêve.

IX

L'époque de la Convention, grande entre les plus grandes, ne s'est pas lavée du sang de la terreur; la république de 1848, honnête s'il en fût, ne s'est pas justifiée de l'insurrection de Juin, affreux bouillonnement de la misère, qu'elle aurait dû prévenir. Fusiller des hommes, les transporter en masse, puis se mettre à l'abri derrière un grand sabre dictateur, c'est là de la mauvaise république. Aussi la durée de ces pouvoirs prétendus populaires qui ne répondent pas aux besoins de tous, est-elle fatalement limitée. La bourgeoisie des villes ne se sent pas protégée, les cultivateurs sont exaspérés par l'accroissement de l'impôt, la pauvreté gagne, l'instruction ne s'étend pas; et un maître redevient possible.

Apprenez à gouverner avec peu, diminuez les services publics dont la moitié ne sert qu'à entretenir des parasites, allégez le fardeau de la nation, et elle vous bénira. Montrez-lui que vous avez horreur du sang répandu; mettez le sens politique ailleurs que dans le mépris de la vie humaine, et qu'il soit bien entendu que les temps de réaction peuvent seuls commettre ces horribles boucheries contre lesquelles se révolte la conscience.

X

Mais si le jour de l'avènement de cette république idéale est encore éloigné, vers quelle aurore devons-nous tourner nos espérances ?

N'y aurait-il pas, — après la mise en pratique du Sénatus-Consulte de 1869, après ses corollaires prévus et attendus, au-delà même d'un empire tellement libéral que ses inspirateurs s'en voilent la face, — n'y aurait-il pas une monarchie " entourée d'institutions vraiment républicaines " autour de laquelle tous les citoyens sincères pourraient venir se ranger sans acception de parti ?

Cette monarchie, que l'on a appelée constitutionnelle, a déjà été tentée chez nous. On l'avait inaugurée sous le nom de *la meilleure des républiques*. Si elle a été emportée par la tourmente de février 1848, ce n'est pas qu'elle ait manqué à ses engagements, ou qu'on lui ait vu reprendre d'une main ce qu'elle donnait de l'autre, c'est qu'elle n'a jamais pu faire oublier son origine. Fondée par l'initiative de 221 bourgeois que l'on qualifierait aujourd'hui d'individualités sans mandat, elle ne reçut pas le baptême du suffrage universel. Loin de là, elle parut toujours le redouter, même restreint ; et jusqu'à sa dernière heure elle ne voulut pas admettre la possibilité d'une réforme aussi simple que celle de l'adjonction des capacités.

Ce fut pure modestie de sa part, car elle avait déjà poussé de profondes racines dans le cœur de la nation, et les capacités qu'elle eût appelées au droit de vote, l'auraient soutenue dans ses mauvais jours, tout en lui imposant de nouvelles et plus radicales réformes, — et peut-être durerait-elle encore.

XI

Louis-Philippe 1er ne fut pas un mauvais roi. Très calomnié de son vivant, il a droit au jugement impartial de l'histoire.

Après les années de misère morale que nous venons de traverser, ne soyons pas ingrats envers ce prince ; c'est de lui qu'on peut véritablement dire qu'il fut dans les mains de la providence un instrument de civilisation dont le manche a été brisé, mais pourra se retrouver en temps utile.

Henri de Bourbon, que quelques-uns appellent Henri V, fut, dit-on, spolié par son oncle, le lieutenant-général duc d'Orléans. Ceci est affaire de famille. Il est certain que la maîtresse branche de la maison de Bourbon avait été tranchée par le couteau de Samson le 21 janvier 1793. Cette branche ne devait plus pousser de rameaux. Autre saison, autre frondaison. La société en marche choisit l'ombre sous laquelle elle peut se reposer.

Louis-Philippe 1er n'avait de compte à rendre qu'à la nation ; et comme il ne l'avait pas consultée en relevant le trône, il ne dut s'en prendre qu'à lui-même s'il ne la trouva pas tout armée pour le défendre contre les factieux, quand le siècle sonna l'heure de sa fin.

XII

Victor Hugo a pu faire de Louis-Philippe 1er ce bel éloge (dans le roman les *Misérables*, tome VII) : « Louis-» Philippe a été un roi de plein jour. Lui régnant, la » presse a été libre, la tribune a été libre, la conscience » et la parole ont été libres. » Et l'écrivain intègre ajoute : « L'histoire lui tiendra compte de cette loyauté. » Le souvenir d'un temps de liberté rend l'exil plus amer encore ; il n'y a pas de plus grande peine que ces souvenirs heureux. Le Dante, autre exilé volontaire, l'a dit en vers mélancoliques, *nella miseria*.

Louis-Philippe était bon, ce qui vaut mieux qu'être clément. Tous les Augustes sont cléments. On n'est pas un grand empereur sans s'offrir un peu d'amnistie. Le siége de Cinna — *prends un siége, Cinna,* — fait partie de tous les mobiliers de la couronne. De temps en temps quelque républicain illustre qui a conspiré sous l'œil de la police, est invité à s'asseoir dessus.

Mais être bon, avoir pitié des hommes, être ménager de leur vie, de leur famille, de leurs biens, voilà un titre plus rare et bien digne de la reconnaissance d'un peuple.

<h2 style="text-align:center">XIII</h2>

A l'intérieur Louis-Philippe ne permit pas l'empiètement clérical qui va à l'encontre de tout progrès. Il fut mesuré et habile en toute chose, trop habile peut-être. Le trop d'habileté est un danger comme la ruse. Mais pour l'extérieur on a dit : Louis-Philippe Iᵉʳ abaissa la France, il n'aimait pas assez la gloire.

Cependant il s'est montré à Ancône et il bombarda Anvers. Il abattit l'écusson qui porte cette fière devise : *Je maintiendrai*. Louis-Philippe fut le parrain de ce petit royaume formé des provinces belgiques, lequel étonne le monde par sa sagesse. Là, chaque citoyen peut se dire libre et heureux.

Il n'est que trop vrai, Louis-Philippe paya Pritchard et reçut une chiquenaude de l'Angleterre. Mais c'est un bel et bon soufflet que l'Amérique appliqua sur les joues de la France, lorsqu'elle intima l'ordre à notre empereur de faire rembarquer ses troupes, en lui disant : « Laissez là le Mexique. Ce n'est pas votre affaire, il n'y croît pas de lauriers. »

M. de Metternich qui pratiquait les cours et n'était pas courtisan qu'à ses heures, a dit des jeunes princes d'Orléans : *Ce sont des jeunes gens comme on n'en voit guère et des princes comme on n'en voit pas.*

Ce sont avant tout des princes éminemment français. On ne dira jamais de ceux-là qu'ils manquent d'esprit et de courage.

On aime l'esprit en France. Qui ne se souvient de la *Lettre sur l'Histoire,* adressée au prince Napoléon-Jérôme par Henri d'Orléans ? Cette lettre est un petit chef-d'œuvre de malice ; elle rappelle les plus jolis pamphlets de Paul-Louis Courrier. On n'aura qu'à réimprimer ces vingt pagas le jour où le fils de l'ex-roi de Wesphalie posera sérieusement sa candidature à la régence de l'empire français ; un long éclat de rire fera justice de cette altesse que l'on retrouva après la guerre dans les fourgons de la duchesse de Parme.

L'histoire des princes de la maison de Condé dénote un écrivain bien supérieur pour la profondeur des vues et la richesse des aperçus, à l'auguste auteur de la *Vie de César.*

La *Visite* de M. le duc de Chartres à quelques champs de bataille de la vallée du Rhin, est celle d'un vaillant officier que Sadowa n'a pas laissé indifférent.

L'ouvrage sur les *Sociétés coopératives* qui nous est venu de l'Angleterre il y a quelques mois, fait honneur à l'exil de M. le comte de Paris ; on y sent de fortes études, le désir d'apprendre et le besoin d'être utile.

XV

Mais après les élections de 1869, quand tous les esprits

sont tournés à la politique, c'est par d'autres travaux que les princes d'Orléans, que les fidèles de l'ancien parti constitutionnel doivent se manifester, s'affirmer devant la reconnaissance du pays.

· Au milieu de la crise que nous traversons leur silence serait faute.

Tout s'agite, tout se transforme; pourquoi se tiennent-ils à l'écart? Chaque parti a un organe, dix organes qui fatiguent l'attention publique. Le chef du gouvernement ne dédaigne pas d'être l'Egérie du *Peuple français*, journal agréable; et les amis de l'ancienne monarchie constitutionnelle ne diraient mot! Cette réserve ne pourrait plus leur être comptée pour sagesse, car nous marchons rapidement vers une échéance.

XVI

Lous-Philippe Ier respecta les finances de la France, ménagea ses ressources, et laissa le pays riche à souhait pour l'empire, qui a taillé dans les milliards comme en plein drap.

Aussi la liquidation de la monarchie de Juillet fut-elle douce et facile, tandis que l'on peut déjà prévoir dans ce moment d'effervescence des esprits, combien sera terrible la liquidation du pouvoir personnel. « Après moi le déluge! » devait-on se dire quand on a fait de la France un vaste atelier national, où trois millions d'ouvriers ont trouvé du travail avec augmentation de salaires. La bourgeoisie étant désarmée, les gardes nationales dissoutes, l'aristocratie demeurant indifférente, et les masses se trouvant satisfaites, il semblait que les chances d'une révolution fussent à jamais conjurées, mais le progrès est une loi divine contre laquelle rien ne prévaut. Tout gouvernement subit cette loi, qu'il le veuille ou non.

XVII

L'empereur « homme providentiel, » connaît la loi du progrès; il la comprend et il s'y soumet jusqu'à en mourir.

Il a donné lui-même le signal de la réaction politique contre son règne, lorsqu'il a publié le décret fatal du 24 novembre 1860, qui a été la première brèche par laquelle les adversaires de l'empire sont entrés dans l'établissement de 1852.

Cette forte citadelle si bien bastionnée, œuvre du génie militaire et du génie civil, n'est pas au pouvoir de l'ennemi; sans doute les assiégés tiendront longtemps encore et on ne parviendra pas aisément à les déloger; mais les approches ont été rendues faciles et déjà chacun songe à arborer son pavillon sur la première tour qui ne sera plus défendue.

Oui, chacun a son drapeau dans sa poche, mais ne pourrait-on pas s'entendre, et de tous ces drapeaux n'en faire qu'un, l'oriflamme de la France?

XVIII

Certainement, de manière ou d'autre, le peuple rentrera dans tous les droits qu'il avait aliénés.

Supposez un nouveau plébiscite.

Combien de prétendants?

Nous avons le vainqueur absous, le maître jadis heureux, l'empereur Napoléon III qui, de surprise en surprise, voudra nous conduire jusqu'aux colonnes d'Hercule de la liberté.

Nous avons à l'horizon — horizon constellé de points noirs — l'enfant du dix Décembre, l'empereur Napoléon IV, qui aura le choix dans la succession de son père, contre l'autorité de 1852 et le libéralisme de 1869. Le mot

des Napoléons sera toujours : « Faire grand » . . . . . .
comme au Mexique.

Faut-il parler de l'espoir de la régence ?... Un régent ?
Une régente ?... Cela peut faire sourire, mais nous
avons derrière nous deux vaincus et une assassinée, avec
lesquels il faudra compter : Henri V, le vaincu de 1830,
Louis-Philippe II, le vaincu de 1848, et la république,
l'assassinée de 1851.

Trois victimes, trois prétendants. Lequel fera un pont
à l'autre ?

La république peut-elle être viable, quand tous les chefs
diffèrent d'avis et de conduite ?

Et si, dans un avenir que la Providence seule connaît,
la France se décidait pour une dynastie vraiment natio-
nale qui ne déparerait pas le trône de Henri IV, croyez-
vous qu'elle serait cette fois mal inspirée ?

Demain, dans un an, dans dix ans, peu importe.

Le peuple, la bourgeoisie, l'armée (oui l'armée) étant
consultés, quelle serait leur réponse ?

C'est dans ce futur plébiscite que se trouvera la clef de
bien des solutions, et peut-être le bonheur de la France.

Qui vivra verra.

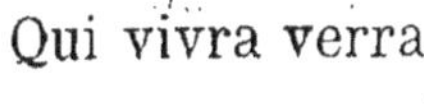

ZENON.